We acknowledge the Traditional Owners of the Country on which we work, the Darug and Eora People, and recognise and respect their cultural heritage, beliefs and relationship with land, water and people. We acknowledge that Aboriginal and Torres Strait Islander People are the first storytellers of this land. We pay our respects to Elders past, present and emerging.

ISBN 978-1-7642147-1-1
First published in 2013

Text and design copyright @ 2013 Kristyn Maslog-Levis
Illustration copyright @ Angela Taguiang

The moral rights of the author and the illustrator have been asserted.

All rights reserved. No part of this publication may be reproduced, stored in a retrieval system or transmitted in any form or by any means, electronic, mechanical, photocopying, recording or otherwise, without prior written permission of the copyright holders.

We have it all
Based on a true childhood

Written by Dr Kristyn Maslog-Levis
Illustrated by Angela Taguiang

Written in English, Tagalog and Bisaya

Also by Kristyn Maslog-Levis

The Girl Between Two Worlds
The Girl Between Light and Dark
The Search for Adarna
The Dragon and the Lizard

For my family

English
Our house only has half a roof and half a floor. It is breezy and sunny during the day. And when it rains, we dance in the rain. It is great to sleep under the stars at night. It's like camping outdoors.

Tagalog
Kalahati ng bahay namin ay walang bobong at walang sahig. Mahangin at maaraw sa loob. At kapag umaambon, sumasayaw kami sa ulan. Masaya kaming natutulog sa ilalim ng mga tala sa gabi. Para kaming nagka camping sa labas.

Bisaya
Ang among balay, katunga ra ang naay atop ug salug. Hangin ug init sa adlaw. Kung mag ulan, magsayaw sayaw mi sa ulan. Lami ang among tulog sa gabii ilalum sa mga bituon. Murag nag camping mi sa gawas sa balay.

English
When it rains hard, the roof in our lounge room leaks. Rainwater pours into the house, flooding the floor. But it's great fun to have a shower in the lounge room. We dance around in the rain. And when we finish, we warm up with hot porridge.

Tagalog
Kapag malakas ang ulan, tumutulo ang bobong ng aming sala. Pumapasok sa loob ng bahay ang ulan at binabaha ang sahig. Pero masaya kaming naliligo sa tubig ulan sa sala. Sumasayaw kami sa ulan. Pagkatapos, masarap naming kinakain ang mainit na champorado at ginataan.

Bisaya
Kung kusog ang ulan, magtulo ang atup sa among sala. Musulod sa sala ang tubig ug magbaha ang salug. Pero bibo gihapon ang among pagligo sa ulan sa sala. Mag sayaw-sayaw mi sa ulan. Paghuman, lami ang among kaon sa init nga champorado ug binignit.

English
We don't own a TV or a DVD player. So we go to our neighbour's house and watch movies with our friends. We share our snacks and our toys, and we have a great time playing after the movie is over.

Tagalog
Wala kaming sariling TV o DVD player. Pumupunta kami sa kapitbahay para manood ng TV at mga pelikula kasama ang aming mga kaibigan. Pinagsasaluhan namin ang aming meryenda at mga laruan, at masaya kaming naglalaro pagkatapos manood ng TV.

Bisaya
Wala mi TV o DVD player. Muadto mi sa balay sa among silingan para mutan-aw ug sine kauban ang among mga amigo. Mag salo salo mi sa among dala nga pagkaon ug mga dulaan. Bibo ang among pagdula human sa salida.

English
We don't have computer games at home. So we go outside and play – in the mud, at the park, under our favourite tree. We build a little cubby house in the backyard made of cardboards and blankets, and we invite our friends to play.

Tagalog
Wala kaming computer games sa bahay. Sa labas kami naglalaro – sa putikan, sa park, sa ilalim ng puno. Gumagawa kami ng bahay bahayan gawa sa mga karton at kumot, kasama ang aming mga kaibigan.

Bisaya
Wala mi computer games sa balay. Adto mi sa gawas magdula – sa lapuk, sa park, ilalum sa among paborito nga kahoy. Maghimo mi ug balay-balay sa gawas gamit ang karton ug mga habol. Among tawagun ang among mga amigo para magdula.

English
Sometimes it floods where we live. So we make paperboats from old newspapers and have a paperboat race outside. We pretend to be giants and stomp on the water.

Tagalog
Minsan, binabaha ang aming lugar. Gumagawa kami ng mga bangkang papel at nag kakarera kami sa labas ng bahay. Nagpapanggap kaming mga higante na nagalalakad sa tubig.

Bisaya
Usahay, magbaha sa among lugar. Maghimo mi ug mga barko gamit ang newspaper ug mag contest mi sa baha. Mag pa arong-ingnon mi nga mga higante ug mag tunob-tunob sa tubig.

English
We don't have many books in our house. But mama would tell us great stories about dragons and princesses and kingdoms far far away. We drift off to sleep listening to mama's voice and dream of castles and kings.

Tagalog
Hindi marami ang libro sa aming tahanan. Ngunit sa gabi, may maraming kwento ang aming ina tungkol sa mga dragon, prinsesa at mga kaharian sa malalayong lugar. Natutulog kami sa gabi na nakikinig sa boses ni ina, at nanaginip ng mga palasyo at hari.

Bisaya
Dili daghan ang among mga libro sa balay. Pero bantogan ang mga istorya ni mama tungod sa mga dragon ug prinsesa ug mga palasyo sa mga lagyong lugar. Makatulog mi nga gapaminaw sa tingog ni mama, magdamgo sa mga palasyo ug hari.

English
We don't have many toys. But mama says we have a big imagination. Our castles are made of pillows and blankets. Our swords are made of tree branches. Our dolls are made of cardboard and we dress them up in paper clothes. Our telephones are made of tin cans and strings.

Tagalog
Hindi marami ang aming mga laruan. Ngunit sabi ni ina, malaki ang aming imahinasyon. Ang aming mga palasyo ay gawa sa mga unan at kumot. Ang aming mga espada ay gawa sa mga sanga ng puno. Ang aming mga manika ay gawa sa karton at ang kanilang damit ay gawa sa papel. Ang aming laruang telepono ay gawa sa lata at lubid.

Bisaya
Dili daghan ang among mga dulaan. Pero ingon si mama dako ang among pang huna-huna. Ang among mga palasyo hinimo sa unlan ug habol. Ang among mga espada hinimo gikan sa sanga sa kahoy. Ang among mga manika hinimo sa karton ug ang mga sanina hinimo sa papel. Ang among telepono hinimo sa lata ug lambo.

English
We don't have much. But we have it all.

Tagalog
Hindi marami ang aming mga ari arian. Pero nasa amin ang lahat.

Bisaya
Dili daghan ang among mga butang. Pero naa na sa amo ang tanan.

About the Book
This book describes the author's childhood, growing up in a small city in the southern part of the Philippines. They did not have much as children, but they were taught to see the bright side of things. She wrote this book as a reminder to herself and to her little one that no matter how hard things get, no matter how little you seem to have, there is always hope. There is always family.

The Author
Kristyn is the middle child of three siblings who grew up in the southern part of the Philippines. She now lives in Sydney with her husband, son and two dogs. She works as a communications officer and sessional academic.

The Illustrator
Angela is an artist from Manila, Philippines working as a full-time illustrator and graphic designer. She also participates in group art exhibits locally. She is a member of Ang Ilustrador ng Kabataan (The Illustrators for Children), the Philippine's first and only association of artists committed to the creation and promotion of illustrations for children.

Big Thanks
My deepest appreciation to Cid Villegas and Mike Ligalig for helping with the translations. To Angela for the amazing illustrations. To my family. This would not have been possible without everyone's support.

ORDER NOW!

There's also a kids activity book version of We Have It All! It comes with the full picture book PLUS activities like writing, counting, colouring, puzzles and more!

Over 60 pages of educational, fun and creative activities that will surely keep the kids occupied!

Perfect companion to the picture book!

Available now!

www.ingramcontent.com/pod-product-compliance
Lightning Source LLC
Chambersburg PA
CBHW081159070526
44583CB00021B/2913